BEI GRIN MACHT SICH IHR WISSEN BEZAHLT

- Wir veröffentlichen Ihre Hausarbeit, Bachelor- und Masterarbeit

- Ihr eigenes eBook und Buch - weltweit in allen wichtigen Shops

- Verdienen Sie an jedem Verkauf

Jetzt bei www.GRIN.com hochladen und kostenlos publizieren

Bibliografische Information der Deutschen Nationalbibliothek:

Die Deutsche Bibliothek verzeichnet diese Publikation in der Deutschen Nationalbibliografie; detaillierte bibliografische Daten sind im Internet über http://dnb.d-nb.de/ abrufbar.

Dieses Werk sowie alle darin enthaltenen einzelnen Beiträge und Abbildungen sind urheberrechtlich geschützt. Jede Verwertung, die nicht ausdrücklich vom Urheberrechtsschutz zugelassen ist, bedarf der vorherigen Zustimmung des Verlages. Das gilt insbesondere für Vervielfältigungen, Bearbeitungen, Übersetzungen, Mikroverfilmungen, Auswertungen durch Datenbanken und für die Einspeicherung und Verarbeitung in elektronische Systeme. Alle Rechte, auch die des auszugsweisen Nachdrucks, der fotomechanischen Wiedergabe (einschließlich Mikrokopie) sowie der Auswertung durch Datenbanken oder ähnliche Einrichtungen, vorbehalten.

Impressum:

Copyright © 2010 GRIN Verlag, Open Publishing GmbH
Druck und Bindung: Books on Demand GmbH, Norderstedt Germany
ISBN: 9783668371262

Dieses Buch bei GRIN:

http://www.grin.com/de/e-book/350611/zum-universalismus-in-g-w-f-hegels-metaphysik

Anna Scheithauer

Zum Universalismus in G. W. F. Hegels Metaphysik

Die Kraft des Geistes aus entwicklungstheoretischer Perspektive

GRIN Verlag

GRIN - Your knowledge has value

Der GRIN Verlag publiziert seit 1998 wissenschaftliche Arbeiten von Studenten, Hochschullehrern und anderen Akademikern als eBook und gedrucktes Buch. Die Verlagswebsite www.grin.com ist die ideale Plattform zur Veröffentlichung von Hausarbeiten, Abschlussarbeiten, wissenschaftlichen Aufsätzen, Dissertationen und Fachbüchern.

Besuchen Sie uns im Internet:

http://www.grin.com/

http://www.facebook.com/grincom

http://www.twitter.com/grin_com

BA 5/LK Politische Theorien und Ideengeschichte
WS 2010

Abschlussarbeit:

"DIE KRAFT DES GEISTES AUS ENTWICKLUNGSTHEORETISCHER PERSPEKTIVE"

Zum Universalismus in G. W. F. Hegels Metaphysik in "Vorlesungen über die Philosophie der Geschichte", Philipp Reclam Jun. Stuttgart, 1961

Februar 2011

Anna Scheithauer

Einleitung

Wie bereits der Titel der Arbeit erkennen lässt, ist diese speziell darauf ausgerichtet sich mit Hegels Metaphysik zur Weltgeschichte genauer zu beschäftigen. Es ist diesbezüglich zur erwähnen, dass Hegel selbst protestantischen Glaubens war und daher sein Werk sehr theologisch konnotiert ist, insbesondere was den Endzweck der Geschichte betrifft. Davon soll aber in dieser Arbeit abstrahiert werden, um die universalistischen Elemente in Hegels Metaphysik zu verdeutlichen. Es muss hier kurz angemerkt werden, dass Universalismus im Sinne von vorherrschenden gültigen allgemeinen Normen und Prinzipien philosophischer Natur, und damit also in Abgrenzung zum Partikularismus, zu verstehen ist.

Des Weiteren ist anzuführen, dass Hegel mit seiner Philosophie der Geschichte, die für ihn nichts anderes ist als "die denkende Betrachtung derselben"[1] und die wahrhaftigere im Vergleich zur ursprünglichen und reflektierten Geschichte, den Aspekt der Entwicklung hervorhebt, welche einen Fortschritt in der Geschichte verkörpert. Dabei ist die Vernunft als Voraussetzung für jeglichen Wandel und die Idee der Freiheit als absoluter Endzweck zu erfassen – zwei durchaus universalistische Elemente!

Auch spielen das Substanzielle und das Akzidentielle eine bedeutende Rolle in Hegels idealistischer entwicklungstheoretischer Konzeption (Weltgeist), wobei in der Arbeit näher ausgeführt werden soll, weshalb ersteres Element als universalistisches und letzteres als partikularistisches aufgefasst werden kann und somit im Wechselspiel einen wesentlichen Beitrag zu Hegels Dialektik leisten und dementsprechend zum Fortschritt in der Weltgeschichte.

Anschließend soll exemplifizierend auf den Übergang des Germanischen Reiches des Mittelalters hin zur Aufklärung Bezug genommen werden, wo den Grundzügen des Universalismus erstmals besondere Entfaltung zukam und damit evolutionär ein essentieller Abschnitt der Geschichte mit Einleitung einer neuen Epoche sein Ende fand.

Abschließend sollen zusammenfassend die Kernelemente der Arbeit wiedergegeben werden und reflektierend auf Hegels Metaphysik hinsichtlich des Universalismusgedankens und der treibenden Kraft des Ideellen eingegangen werden.

---

[1] Hegel, G. W .F., "Vorlesungen über die Philosophie der Geschichte", Philipp Reclam Jun. Stuttgart, 1961, S. 48

Zum Universalismus & der Kraft des Geistes

Was also zunächst schon aus der Einleitung zu vernehmen ist, ist jener Gedanke, dass Hegels Geschichtsauffassung ein langzeitliches Phänomen ist, indem er die gesamte Weltgeschichte in Angriff nimmt. Wichtig ist hier zu erwähnen, dass es bei ihm drei Arten gibt die Geschichte zu betrachten: die ursprüngliche, so wie sie von Herodot oder Thukydides erzählt wurde, welche "[...] die Taten, Begebenheiten und Zustände beschrieben, die sie vor sich gehabt, deren Geist sie selbst zugehört haben, und das, was äußerlich vorhanden war, in das Reich der geistigen Vorstellung übertrugen."[2], die reflektierende, wobei die Aufarbeitung des geschichtlichen Materials das Wesentliche ist, "[...] an den der Arbeiter mit seinem Geiste kommt, der verschieden ist von dem Geistes des Inhalts."[3], und die philosophisch, bei der die Vernunft die Welt beherrscht und die Frage nach dem Sinn zentraler Aspekt ist.

Wesentlich ist diese Unterscheidung für die Arbeit deshalb, da nur die letztere von einem unendlichen Inhalt ausgeht und von einem Drang vernünftiger Einsicht geprägt ist; und eben nur durch diese Unendlichkeit im ideellen Sinn kann Bezug auf das philosophische Element des Universalismus genommen werden. Dieser findet seinen Ausdruck bereits auf den allerersten Seiten in Hegels Einleitung mit dem Vermerk, dass die Vernunft "das ganz frei sich selbst bestimmende Denken" verkörpert. Nun gut, er spricht hier allerdings auch von der religiösen Wahrheit und der Vorsehung, als göttlichen Plans, der die Welt regiert und als Grundlage zur Entwicklung des denkenden Geistes – und demnach der Vernunft -, aber wie schon zuvor erwähnt, soll von aller Theologie abstrahiert werden und einzig und allein nur der reinen Philosophie Rechnung getragen werden.[4]

Auf Basis dieses Vernunftsverständnisses, wird bei Hegel die Welt in physischer und psychischer Natur begriffen, welche zwei wesentliche Komponente folglich auch für die Weltgeschichte an sich darstellen. Ich möchte an dieser Stelle behaupten, dass, - von der Theologie als marginales Phänomen ausgehend -, alles physische hier dem Partikularen gleichkommt und die psychische Natur als universalistisch angesehen werden muss, denn "[...] der Geist und der Verlauf seiner Entwicklung ist das Substantielle."[5] So kann also auch die Dichotomie des Substantiellen (= Wesen) und Akzidentiellen (= Charakteristika) nach dem Sche-

---

[2] Hegel, G. W .F., "Vorlesungen über die Philosophie der Geschichte", Philipp Reclam Jun. Stuttgart, 1961, S. 39
[3] Ebd., S 42
[4] Ebd., S 53-56
[5] Ebd., S 57

mata Universalismus/Partikularismus eingeteilt werden, das Substantielle dem Universalismus gleichkommend und das Akzidentielle dem Partikularismus, wobei hier wiederum ersteres allem Ideellen, Geistigen verschrieben werden muss und letzteres allem Physischen.

Um diese Abstraktion anschaulicher zu machen muss hier zum Verständnis des Psychischen, Substantiellen, Geistigen/Ideellen, Allgemeinen, Universalistischen auf die Bestimmung der Natur des Geistes, und zur Klärung des Physischen, Akzidentiellen, Partikularen auf die Mittel des Geistes zur Realisierung seiner selbst, welche mit dem Endzweck der Welt zusammenhängt, näher eingegangen werden.

Zur Bestimmung des ersteren ist hier hervorzuheben, dass die Substanz beziehungsweise das Wesen des Geistes die Freiheit ist. Hegel bezeichnet diese als das "einzige Wahrhafte des Geistes"[6], der nur durch sie in sich selbst und bei sich selbst ist und sich somit auf kein anderes bezieht – er ist also frei von jeglichen Abhängigkeiten. Die Weltgeschichte ist somit für Hegel die Darstellung des Geistes; des Weltgeistes und daher "[...] der Fortschritt im Bewusstsein der Freiheit – ein Fortschritt, den wir in seiner Notwendigkeit zu erkennen haben."[7] Die Freiheit ist hier also Zweck an sich und der einzige Zweck des Geistes, was uns sogleich zum Endzweck der Welt führt – nämlich "das Bewusstsein des Geistes von seiner Freiheit". Es ist also zu vernehmen, dass in dieser "reinen" Metaphysik der Endzweck nicht notwendigerweise mit der Realisierung des Johannesevangeliums im Protestantismus, wie von Hegel im Verlauf seines Werkes konstatiert, zusammenfallen muss. Denn ganz gegenteilig kommt hier doch sehr stark der universalistische Charakter zum Vorschein!

Anschließend stellt sich nun also die Frage nach den Mitteln zur Realisierung des Weltgeistes. Diese sind das Unmittelbare, also "[...] die Handlungen der Menschen von ihren Bedürfnissen, ihren Leidenschaften, ihren Interessen, ihren Charakteren und Talenten [...]" ausgehend "[...] und zwar so, dass es in diesem Schauspiel der Tätigkeit nur die Bedürfnisse, Leidenschaften, Interessen sind, welche als die Triebfedern erscheinen und als das Hauptwirksame vorkommen".[8] Grundlegend ist hierbei das Prinzip des Willens, ohne das es nicht zur Verwirklichung des ersteren, allgemeinen Moments kommen kann. Denn der partikulare Inhalt wird mit dem Willen gleichgesetzt, sodass er untrennbar von ihm ist, und daher das Privatinteresse seinen Teil zur Realisierung des Weltgeistes beiträgt. Die Idee und die Lei-

---

[6] Hegel, G. W .F., "Vorlesungen über die Philosophie der Geschichte", Philipp Reclam Jun. Stuttgart, 1961, S. 58
[7] Ebd., S. 61
[8] Ebd., S. 62

denschaft sind hier zentrale Elemente, deren Mitte und Vereinigung beider, der sittlichen Freiheit im Staat gleichkommt.[9]

Wichtig ist hier des Weiteren anzumerken, dass Hegel in diesem Zusammenhang auch Bezug auf das Notwendige und das Zufällige nimmt. Wiederum möchte ich behaupten, dass das Notwendige dem Aspekt des Universalismus verschrieben werden kann und das Zufällige dem Partikularismus, wobei sich hier die Notwendigkeit auf den Gang des Geistes und die Zufälligkeit auf die Form der Mittel zur dessen Verwirklichung bezieht. Es muss allerdings gesagt werden, dass diese Zuschreibung nicht immer klare Grenzen aufweist, aber trotzdem nicht als unzulänglich bezeichnet werden kann. Folgendes Beispiel soll zur Verdeutlichung dienen:

Hegel geht davon aus, dass jeder Mensch zufällig ist, mit der Ausnahme, dass manche substantiell sind. Er proklamiert: "Dies sind die großen Menschen in der Geschichte, deren eigne partikulare Zwecke das Substantielle enthalten, welches Wille des Weltgeistes ist"[10] und verweist dabei unter anderem auf Cäsar, Alexander von Makedonien und Napoleon, denen er die Bezeichnung "Seelenführer" zukommen lässt. Denn "Ihre Sache war es, dies Allgemeine, die notwendige, nächste Stufe ihrer Welt zu wissen, diese sich zum Zweck zu machen und ihre Energie in dieselbe zu legen".[11] Es wird anhand dieser Zeilen ersichtlich, dass die Menschen in die Kategorie der Mittel, der Partikularität, fallen, jedoch bei einigen wenigen das Privatinteresse mit dem Zweck des Substantiellen zusammenfällt, sodass diese durch ihren Tatendrang die Weltgeschichte zum Fortschreiten bewegen vermögen. Dies bedeutet allerdings nicht das Ende der Universalismus/Partikularismus Debatte, sondern lediglich ein "overlap", das komplementären und keineswegs oppositionellen Charakter aufweist.

So kann allgemein also behauptet werden, dass die Vereinigung der Verwirklichung der universellen Idee zur unmittelbaren Wirklichkeit und das Erheben der Partikularitäten in die allgemeine Wahrheit erst den Fortschritt ermöglicht.[12] Der Universalismus und der Partikularismus bedingen sich also gegenseitig und nur durch dieses Wechselspiel erfährt die Dialektik bei Hegel spezielle Auszeichnung hinsichtlich des entwicklungstheoretischen Gedankens, der uns heutzutage so präsent ist, wie noch nie zuvor.

---

[9] Ebd., S. 63-68
[10] Hegel, G. W .F., "Vorlesungen über die Philosophie der Geschichte", Philipp Reclam Jun. Stuttgart, 1961, S. 75
[11] Ebd., S. 75
[12] Ebd., S. 73

Damit eine solche Erhebung aber erst möglich wird, bedarf es des Rechtsstaates, denn in ihm, einzig und allein, werden der subjektive und der vernünftige Wille vereint, wodurch ein sittliches Ganzes resultiert. Denn "in der Weltgeschichte kann nur von Völkern die Rede sein, welche einen Staat bilden",[13] weil nur darin die Freiheit durch das Gesetz ihre Objektivität erhält. Somit ist der Grundgedanke der Gesellschaftsvertragstheorie hier auch bei Hegel gegeben, da in Abgrenzung zum Naturzustand, welcher ein Zustand des Unrechts ist, die Freiheit vielmehr durch "eine unendliche Vermittlung der Zucht des Wissens und des Wollens"[14] erst erworben und gewonnen werden muss.

Folglich kann erst durch die Entstehung des Staates ein Volksgeist entstehen - wobei dem Geist der Familie als kleinste Einheit innerhalb des Staates entsprechende Bedeutung zugeschrieben werden muss - , der bedingt wird durch die Art der Verfassung, der Religion, der Kunst, der Philosophie und der Bildung des Volkes, welche damit auch die Definition des Volkes ausmachen. An dieser Stelle muss sogleich angemerkt werden, dass Hegel ein gewissermaßen evolutionäres, lineares, stufenförmiges Entwicklungsverständnis, basierend auf der Konzeption des Staates und damit des Volksgeistes, vertritt, wobei für ihn die erste Produktion eines Staates klar herrisch und instinktartig ist.[15] Damit ist auch der Geist des Volkes ein bestimmter Geist und wird nach seiner Stufe der gesellschaftlichen Entwicklung bestimmt.

Rufen wir uns den Aspekt des Universalismus und Partikularismus nun wieder in Erinnerung kann auch hier argumentiert werden, dass der Volksgeist im Vergleich zum substantiellen Weltgeist das Partikulare verkörpert. Ein Hinweis dazu findet sich bei Hegel in folgendem Vermerk: "Das andre und weitre ist, dass der bestimmte Volksgeist selbst nur ein Individuum ist im Gange der Weltgeschichte."[16] – also selbst nur Mittel zum Endzweck ist! Wie kann man sich nun aber mit dieser Metaphysik als Grundlage den Gang der Weltgeschichte, sodass eine gewisse Entwicklung und damit immer unweigerlich auch ein bestimmter Fortschritt verzeichnet werden kann, vorstellen?

Nun, Hegel bezeichnet die Entwicklung als ein in der Natur ruhiges Hervorgehen, wohingegen sie im Geist ein "harter unendlicher Kampf gegen sich selbst" ist, mit dem Endzweck des Bewusstseins des Geistes von seiner Freiheit. Dementsprechend muss der Geist aus seiner Natürlichkeit heraustreten und sich anschließend in die reine Allgemeinheit der

---

[13] Hegel, G. W .F., "Vorlesungen über die Philosophie der Geschichte", Philipp Reclam Jun. Stuttgart, 1961, S. 86
[14] Ebd., S. 88
[15] Ebd., S. 95
[16] Ebd., S. 104

Freiheit erheben.[17] Es ist also so, dass am Anfang der Geschichte der Naturzustand steht, "Aber der Staat erst führt einen Inhalt herbei der für die Prosa der Geschichte nicht nur geeignet ist, sondern sie selbst miterzeugt".[18] und durch den menschlichen Trieb der Perfektibilität Bewegung in die Weltgeschichte kommt. Denn "Im Staatsleben als solchem liegt die Notwendigkeit der formellen Bildung und damit der Entstehung der Wissenschaften sowie einer gebildeten Poesie und Kunst überhaupt"[19]. Auch die so wesentliche Philosophie kommt im Staatsleben zum Vorschein, sodass unter Einwirken all der genannten Partikularitäten der Volksgeist sich zum Gedanken seiner selbst bringt.

Es folgen somit der Untergang dieses Geistes und das Hervortreten eines neuen, weiter entwickelten und fortgeschritteneren Volksgeistes. Die Weltgeschichte ist daher [...] die Auslegung des Geistes in der Zeit, wie die Idee als Natur sich im Raume auslegt"[20]. Die spannende Erkenntnis in diesem Zusammenhang ist also wiederum die Bestätigung für die Gültigkeit der Universalismus/Partikularismus Dichotomie! Das Universale, die Idee, ist also allgegenwärtig (gefasst im Weltgeist) und zeitlich vollkommen losgelöst, wohingegen alles Partikulare vergänglich ist, also nur Mittel zum alle Sphären überspannenden Zweck ist. Partikulares unterliegt also ständigem Wandel, kommt und geht; die Idee beziehungsweise der allgemeine Geist bleibt bis zur Realisierung des Endzwecks der Weltgeschichte.

Die Veränderungen, welche die Weltgeschichte durchlaufen, können mit der Verarbeitung des Geistes seiner selbst gleichgesetzt werden, wobei dieser durch das Hinterlassen dieser Momente an gegenwärtiger Tiefe gewinnt.[21] "Das Resultat dieses Ganges ist, dass der Geist indem er sich objektiviert und dieses sein Sein denkt, einerseits die Bestimmtheit seines Seins zerstört, anderseits das Allgemeine desselben erfaßt, und dadurch seinem Prinzip eine neue Bestimmung gibt".[22] Demselben Muster folgen die Entwicklung des Individuums, als auch die des Volkes, welche solange dieselben bleiben bis sie die allgemeine Stufe des eigenen Geistes erreicht haben, woraufhin die Notwendigkeit der Veränderung folgt.

→ Laut Hegel ist dies "[...] die Seele, das Ausgezeichnete, in dem philosophischen Auffassen der Geschichte."[23]

---

[17]
[18] Ebd., S. 114
[19] Ebd., S. 124
[20] Ebd., S. 128
[21] Ebd., S. 130/137
[22] Ebd., S. 135/136
[23] Ebd.; S. 136

Es konnte anhand der vorangegangenen Paragraphen also verdeutlicht werden, dass, alle theologischen Grundlagen ausgeschlossen, Hegels Metaphysik durch und durch universalistische Elemente enthält, die im Vergleich zu allem Partikularen von ubiquitärer Substanz und Beständigkeit geprägt sind. Dadurch ist es auch zulässig von einer Universalismus/Partikularismus Dichotomie zu sprechen, wenngleich sich beide Ausprägungen gegenseitig bedingen und daher sich vielmehr komplementär zueinander, als oppositionell, verhalten. Dementsprechend kann auch die Dialektik als Entwicklungsprinzip anhand des gegenseitigen Wechselspiels beider Komponenten erklärt werden.

Um diese abstrakten Darstellungen in ihrer Praxis zu verdeutlichen, möchte ich hier auf die europäische Geschichte, und dabei insbesondere auf das Germanische Reich und seinen Übergang aus dem Mittelalter in die Aufklärung, eingehen. Hegel teilt diese Welt in drei Perioden, wobei die erste mit dem Auftreten germanischer Einheiten im Römischen Reich beginnt, gefolgt von dessen Untergang und der Übernahme der römischen Religion und Bildung in das Germanische Reich. Gefolgt ist diese von der Herausbildung der Gegensätzlichkeit von der Entwicklung der Kirche hin zur Theokratie und des Staates hin zum Feudalstaat. Die dritte Periode ist abschließend jene der Regierung Karl des Großen, der Reformation und der Entwicklung allgemeiner Grundsätze der Vernunft, woraufhin der Übertritt in das Zeitalter der Aufklärung folgt.[24]

Zur Regentenzeit Karl des Großen, geprägt von einer vortrefflichen Kriegsverfassung, gelang die Kirche zu ungeheurem Einfluss. Das Mittelalter zeichnete sich dementsprechend durch drei Reaktionen gegen die Widersprüchlichkeiten aus: 1. die besondere Reaktion der Nationen gegen das Frankenreich, welche die Teilung des Landes zur Folge hatte, 2. die Reaktion der Individuen gegen "[...] die gesetzliche Macht & Staatsgewalt, gegen die Subordination, den Heerbann, die Gerichtsverfassung"[25], die eine Feudalverfassung entstehen lies, und 3. die Reaktion der Kirche gegen die Wirklichkeit.

Zur Reaktion der Kirche muss gesagt werden, dass diese keine eigentliche Reformation durchführte, sondern sich nur untertänig machte, wogegen sie sich wendete, sodass damit, nämlich der "Verkehrung des Prinzips der Freiheit", die "absolute Unfreiheit" zum Gesetz wurde.[26] Der Asketizismus kann wohl als das blühenste Beispiel dafür gesehen werden!

---

[24] Hegel, G. W .F., "Vorlesungen über die Philosophie der Geschichte", Philipp Reclam Jun. Stuttgart, 1961, S. 469-472
[25] Ebd., S. 498
[26] Ebd., S. 514

Die Widersprüchlichkeiten innerhalb des Feudalsystems, sind wohl hauptsächlich der kirchlichen Dominanz und ihren Glaubenslehren zuzuschreiben. Speziell die gepredigte Doktrin der Sittlichkeit kann hier als Beispiel angeführt werden, bei der die Liebe als Empfindung im ehelichen Verhältnis im Widerspruch zum Zölibat steht, genauso wie die Armut als Heiligem zum fleißigen Arbeiter für seine Subsistenz, und der Gehorsam ohne Bewusstsein und Kenntnis zum Gehorsam auf das Vernünftige. Dem hinzuzufügen ist der Widerspruch der geistlichen Besitztümer und des geistlichen Vermögens, da die Kirche in ihren Lehrsätzen den Reichtum verachtet.[27] "Was [also] so die Päpste an Land und Gütern und an direkter Herrschaft gewannen, verloren sie an Ansehen und Achtung"[28]

Ein weiterer Widerspruch kann der Regierungsform zugeschrieben werden, denn das Kaisertum schien nicht mehr als eine "leere Ehe", denn es war bloß der Kirche weltlicher Arm und gekennzeichnet durch Leidenschaft und Gewalt. "Ein dritter Widerspruch ist der der Individuen in sich, der der Frömmigkeit, der schönsten und innigsten Andacht, und dann der Barbarei der Intelligenz und des Willens."[29] Es haftet also die Priesterweihe als Heiliges am Individuum, wohingegen das Innere beschaffen ist, wie es will.

Der Kulminationspunkt des Mittelalters stellen allerdings die Kreuzzüge zur Eroberung des Heiligen Landes dar, welche - all die anderen Widersinnigkeiten (=Antithesen im Sinne der Dialektik) miteinbezogen – ausschlaggebend für die ersten Bewegungen des Volksgeistes waren. Und hier kommt sogleich das ideelle Element Hegels zum Vorschein, denn "Der Untergang der Kirche sollte nicht durch offenen Gewalt bewirkt werden, sondern von innen heraus, vom Geiste aus, und von unten herauf drohte ihr Sturz".[30] Dies äußerte sich durch die inneren Kämpfe des Individuums, sowie Momenten der Negation, welche die Reformation, die als Resultat die Religionsfreiheit im Sinne von *cuius regio, eius religio* produzierte und den Übergang der Feudalherrschaft in die Monarchie (inspiriert durch Machiavellis Schrift "Il Principe") bewirkten.[31]

Folgende Erkenntnis lässt sich demnach in Hegels Werk verzeichnen: "Es ist die Menschheit nicht sowohl aus der Knechtschaft befreit worden, als vielmehr durch die Knecht-

---

[27] Hegel, G. W .F., "Vorlesungen über die Philosophie der Geschichte", Philipp Reclam Jun. Stuttgart, 1961, S. 516
[28] Ebd., S. 511
[29] Ebd., S. 518
[30] Ebd., S. 533
[31] Ebd., S. 538

schaft."³², denn "Der Menschengeist hat sich auf seine Füße gestellt. In diesem erlangten Selbstgefühl des Menschen liegt [...] die bessere Subjektivität, [...] die ihre Tätigkeit auf allgemeine Zwecke der Vernünftigkeit und Schönheit richtet."³³, sodass die Kunst und Wissenschaft (speziell die Naturwissenschaft) letztendlich die Auflösung des Mittelalters bewirken.

Es ist also das Denken, das alles in Form der Allgemeinheit betrachtet und somit "die letzte Spitze der Innerlichkeit" ist; jenes Element, das der Mensch benötigt um frei zu sein. Es ist das Denken und folglich der Verstand durch den der Mensch den Aberglauben seiner Zeit entgegentreten konnte. Damit einhergehend ist auch das Hervortreten der philosophischen Naturgesetzlichkeiten zur abstrakten universellen Bestimmung des Rechts und Unrechts – jene Gesetzlichkeiten, welche unter dem Begriff der Aufklärung zu verstehen sind und so merklich vom natürlichen Recht der Freiheit und der Gleichheit geprägt sind.³⁴

Die Freiheit muss also unter dem Aspekt der Gesetzte der Vernünftigkeit - diese sind Momente der reellen Freiheit, "[...] welche nicht auf dem Gefühl beruhen, denn das Gefühl läßt auch Leibeigenschaft und Sklaverei bestehen, sondern auf dem Gedanken und Selbstbewußtsein des Menschen von seinem geistigen Wesen."³⁵ -, der Realisierung der Gesetze durch die Regierung, des Moments der Gesinnung, "[...] welche das innere Wollen der Gesetze ist, nicht nur Sitte, sondern die Gesinnung, daß die Gesetze und die Verfassung überhaupt das Feste seien, und daß es die höchste Pflicht der Individuen sei, ihren besonderen Willen ihnen zu unterwerfen."³⁶, und einer voranschreitende Säkularisierung, betrachtet werden. Es muss hier darauf aufmerksam gemacht werden, dass letztere Bemerkung nicht in expliziter Form in Hegels Werk vorliegt, sich aber als notwendige Konsequenz und aus rückblickender Betrachtung der Geschichte so darstellt.

Die Idee der Freiheit kommt hier somit zu ihrem eigenen Bewusstsein indem das Partikulare, nämlich die Gesetze der Vernünftigkeit als Voraussetzung der menschlichen Freiheit, durch die Realisierung mittels Regierung, sodass folglich im Staate "[...] ein Allgemeines und eine Bestätigung desselben [...]" ist, in die Allgemeinheit erhoben wird. Wie hier also ersichtlich, ist für Hegel das Zeitalter der Aufklärung durch das Prinzip des Denkens als formell ab-

---

[32] Ebd., S. 548
[33] Hegel, G. W .F., "Vorlesungen über die Philosophie der Geschichte", Philipp Reclam Jun. Stuttgart, 1961, S. 549
[34] Ebd., S. 583-589
[35] Ebd., S. 594
[36] Ebd., S. 595

solutem das letzte Stadium der Geschichte erreicht. Aus heutiger Sicht lässt sich aber natürlich verkünden, dass sich die Geschichte bis dato geweigert hat zu Ende zu gehen.

Nun sollte man aber nicht gleich Hegels Metaphysik komplett verwerfen, nur weil ein Ende der Geschichte verkündet wurde, das in solch einer Form nicht eingetreten ist!

Was aber nun gut mit diesem Beispiel verdeutlicht werden konnte, ist wie Bewegung in die Geschichte kommt, sodass durch das Wechselspiel des Partikularem und Universalem - speziell die Kraft des Geistes, des Ideellen, verkörpert hier das federführende Element – mittels letztendlicher Erhebung des ersteren zum Allgemeinen, ein Volksgeist zerfällt und ein neuer Entsteht beziehungsweise eine Epoche ihr Ende nimmt und eine andere zum Vorschein tritt.

Konklusion

Insgesamt lässt sich also feststellen, dass in Hegels Metaphysik – von allen theologischen Annahmen als Essentiellen abstrahierend – sehr wohl allgemeine Prinzipien bedingt durch spezielle Ausprägungen vorherrschen, welche insbesondere das ideelle Charakteristikum hinsichtlich der entwicklungstheoretischen Perspektive Hegels zum Vorschein kommen lassen, das die Grundlage – gegenteilig zu Karl Marx - für jegliche Veränderung darstellt.

Zusammenfassend kann daher folgendes festgehalten werden: Alles Allgemeine, Psychische, Substantielle, Abstrakte, Geistige/Ideelle, Notwendige, Zeitlose und Ubiquitäre, das sich im Weltgeist äußert – bedingt durch die Vernunft und geprägt von der Idee der Freiheit -entspricht dem Element des Universalistischem, während alles Spezifische, Physische, Akzidentielle, Eindeutige, Zufällige, Vergängliche, als die Mitteln zur Realisierung dessen und daher als Partikulares angesehen werden muss, welche sich im Vergleich zum Weltgeist im Volksgeist ausdrücken.

Somit ist Hegels Dialektik als stufenförmiges Modell der Entwicklung von einem Wechselspiel des Partikularem und Universalem geprägt, denn erst wenn der Volksgeist sich selbst bewusst wird und damit alles Partikulare in ein Allgemeines erhoben wird, entsteht Veränderung und damit Bewegung in der Weltgeschichte. Die treibende Kraft ist also jene des Geistes allein durch welche die Entwicklung im Hegelschen Sinn niemals rückläufig sein kann.

Betrachten wir abschließend also Hegels Metaphysik aus diesem Blickwinkel – die Verkündigung eines Endes der Welt sei dahingestellt! – lässt sich speziell aus heutiger Sicht in Bezug auf die Vereinten Nationen und ihren Entwicklungsbestrebungen (zB UDHR) auf Basis universalistischer Prinzipien oftmals bedingt durch partikulare Umsetzung, erkennen, dass diese praktische Anwendung gefunden hat; und das in einem unglaublichen Ausmaß!

Wörter: 3.371

BEI GRIN MACHT SICH IHR WISSEN BEZAHLT

- Wir veröffentlichen Ihre Hausarbeit, Bachelor- und Masterarbeit

- Ihr eigenes eBook und Buch - weltweit in allen wichtigen Shops

- Verdienen Sie an jedem Verkauf

Jetzt bei www.GRIN.com hochladen und kostenlos publizieren